EDICT DV ROY,

PORTANT SVPPRESSION
des Droicts de descentes & Franc-
sallé attribuez aux Officiers des Greniers à Sel.

*Verifié en la Chambre des Comptes & Cour des
Aydes, les trentième Aoust & quinzième
Septembre mil six cens trente-trois.*

A PARIS,
Par P. METTAYER, A. ESTIENE,
Imprimeurs ordinaires du Roy.
M. DCXXXIIII.
Auec Priuilege de sa Majesté.

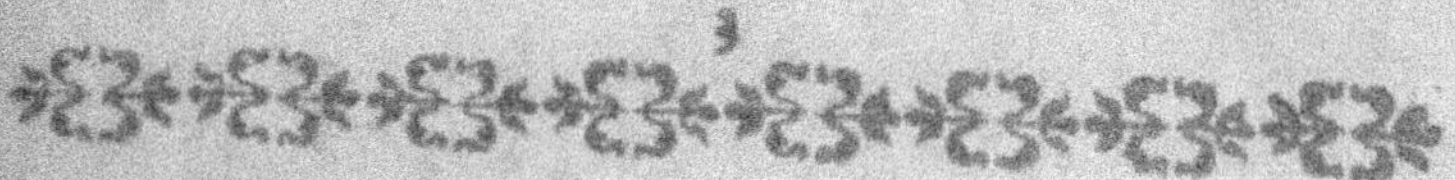

OVIS par la grace de Dieu Roy de France & de Nauarre ; A tous presens & à venir, Salut. La necessité de nos affaires, & le besoin que nous auons eu de recouurer deniers pour satisfaire à l'entretenement des Armees qu'il a fallu mettre sur pied les annees dernieres, tant pour ranger nos subiets rebelles à leur deuoir, que pour secourir nos voisins & alliez, & les garantir des oppressiōs qu'on leur vouloit faire : Nous ayant contraint d'auoir recours à plusieurs moyens extraordinaires, & d'engager le reuenu de nos Aydes, Tailles & Gabelles, tāt par creations de nouueaux Offices qu'augmentations de gages & droicts aux anciens, & constitutions de rentes, & entr'autres nous aurions par nos lettres de Declaration du mois de Mars 1627. attribué deux minots de franc-salé par chacun an, à chacun des Receueurs & Controolleurs Generaux de nos Gabelles, Grenetiers, Controolleurs, Lieutenans, Gardes, & Côtroolleurs des grandes & petites mesures : nos Aduocats & Procureurs, Gardes du petit Sel, Greffiers, & Maistres Clercs, & Receueurs particuliers de chacun Grenier à sel de nostre Ferme generale des Gabelles de France, pour la prouision de leurs maisons, tant en exercice que hors iceluy francs & exempts de nos droicts de Gabelles, creuës & augmentations d'icelles, tant anciennes que nouuelles, mises & à mettre sur ledit sel, & de tous autres frais, generalement quelcōques : Comme aussi nous aurions attribué par ladite Declaration aux Grenetiers & Controolleurs chacun sept sols pour muid, pour les droicts de descentes & releuemens du sel qui seroit descendu en leurs Greniers,

A ij

tant pour la fourniture d'iceux , que pour celuy qui
seroit mis & releué des Greniers de deposts, aux Lieutenans & Controolleurs des mesures, quatre sols pour
muid chacun, outre les trois sols pour muid à eux cy
deuant accordez & reglez par Arrest de nostre Conseil du septiesme Septembre 1624. reuenans en tout
aussi à sept sols pour muid : A nostre Procureur quatre sols pour muid, & au Greffier aussi quatre sols pour
muid , & ce en l'année de leur exercice , reuenant en
tout à trente six sols pour muid , compris lesdits six
sols pour muid, dont lesdits Lieutenans & Controolleurs des mesures doiuent iouïr suiuant ledit Arrest
du 7. Septembre 1624. & depuis nous aurions attribué à nosdits Aduocats esdits Greniers pareils droits
de descentes & releuemens qu'à nosdits Grenetiers,
qui est sept sols pour muid , par Arrests de nostre Cõ-
seil des dernier Octobre 1628. 24. Ianuier & douzies-
me Decembre 1629. & Declaration expediée en cõ-
sequence d'iceux le 30. Decembre audit an , & encores aux Presidens creez en nosdits Greniers par autre nostre Edict dudit mois de Decembre 1629. sept
sols aussi pour muid de sel ausdites descentes & releuemens : Pour lesquels droicts de descentes & franc-
sallé seroient arriuez plusieurs differends & contesta-
tions entre nosdits Officiers, & les Fermiers de nos
Gabelles , sur ce que lesdits Fermiers se plaignoient
que lesdits Officiers estendans leur priuilege de frãc-
sallé, s'exemptoient de payer le prix de marchãd, encores que ne les ayons exemptez par nostredite Declaration, que de nos droicts de Gabelles & augmentations , & qu'ils n'ayent payé qu'vne Finance tres-
moderée pour l'exemption desdits droicts , & outre
qu'encores que l'attribution du droict de descente
porte qu'ils en doiuent iouyr , tant pour lesdites des-

centes que releuemens & enuois; Neantmoins ce n'a
iamais esté nostre intention, d'autant qu'en plusieurs
Greniers ou il y a des deposts, il s'y descend du sel de-
stiné pour la fourniture de plusieurs autres Greniers,
dix fois plus que pour le Grenier de vente : Aussi se
voit-il clairement par le roole des taxes faites par lesdits Officiers qu'ils n'ont esté taxez pour iouyr desdits droits, que pour le sel qui se descéd en leurs Greniers pour la fourniture d'iceux seulement, & non
pour les descentes, releuemens & enuois qui s'y font
pour autres Greniers, & que si les pretentions desdits
Officiers auoient lieu, il y en auroit plusieurs qui
iouyroient en vne année de deux ou trois fois autant
de droicts que ne monte la Finance, qu'il nous ont
payée pour en iouyr ; ce qui tourne à la perte & dimi-
nution de nostre Ferme des Gabelles, & à nostre pre-
iudice particulier, d'autant que les Fermiers d'icelle
font le compte des frais & droicts que lesdits Officiers prennent d'eux pour regler ce qu'ils nous doiuent payer de ladite Ferme : A quoy ayant voulu ap-
porter quelque ordre & reglement pour terminer
lesdits differends, nous aurions par le LXXII. article
du Bail general que nous auons faict de ladite Ferme
generalle de nos Gabelles à Maistre Philippes Hamel, ordonné qu'il ne payeroit ausdits Officiers lesdits droicts de descentes que pour le sel qui seroit
descédu en leurs Greniers pour y estre vendu effecti-
uement, sans qu'ils puissent pretendre lesdits droicts,
pour le sel qui passeroit ou seroit descendu & mis dãs
les deposts & destroicts desdits Greniers pour estre
releué & enuoyé en autres Greniers pour la fourniture d'iceux, mais seulement qu'il leur seroit payé
pour les descentes & releuemens dudit sel, ce qui
leur est attribué par nos anciennes Ordonnances, qui

eſt dix deniers pour muid à chacun d'eux, Cóme auſſi nous aurions par le LXXIII. article dudit Bail, re-
glé ledit droict de franc-ſalé deſdits Officiers, & ordonné que chacun des Officiers reſidans actuellemét
ſur les lieux, & exerçans leurs charges en perſonnes
auroient vn minot de ſel en nature pour la prouiſion
de leurs maiſons, & que le ſurplus leur ſeroit payé ſur
le pied du denier douze de la Finance par eux payée
pour la iouyſſance dudit franc-ſalé, ſans qu'ils le
puiſſent vendre à qui que ce ſoit, ny qu'ils en puiſſent pretendre d'auantage en eſſence, encores qu'ils
fuſſent pourueus de pluſieurs Offices, & aux Officiers
non reſidens que ledit fràc-ſalé entier leur ſeroit auſſi payé en argent à ladite raiſon du denier douze de
leur Finance, ſans qu'il le puiſſent pretendre en eſſence. Nonobſtant leſquelles conditiós noſdits Officiers
des Greniers n'auroient delaiſſé de ſe faire payer deſ-
dicts deux minots de franc-ſalé en eſſence, ou prendre en argent la valeur d'iceux ſur le pied de ce qui ſe
vend pour tous droicts en leurs Greniers, & aucuns
d'eux venus à tel poinct de hardieſſe que d'auoir faict
ſaiſir nos deniers és mains des Collecteurs de l'im-
poſt, pour le payement dudit franc-ſalé en argent, &
autres que de ſaiſir noſdits deniers és mains des Regratiers & Collecteurs, pour le payemét des droicts
de deſcentes par eux pretendus ſur le ſel deſcendu &
releué deſdits depoſts ponr la fourniture des Greniers
qui ſe fourniſſent par iceux, ſe fondans ſur quelques
Arreſts donnez en nos Cours Souueraines du temps
que noſtredite Ferme eſtoit entre nos mains, par le
manquement du Fermier, & des Arreſts de verifica-
tions interuenus ſur ledit Bail, ce qui auroit de re-
chef fait naiſtre pluſieurs grandes conteſtations &
procez entre noſdits Officiers, & ledit Hamel Fer-

mier de nosdictes Gabelles, tant en nostredit Conseil qu'en nos Cours des Aydes, Lequel Hamel pretend que nous le deuons indemniser du plus demandé par lesdits Officiers que ce que nous l'auons obligé leur payer pour lesdits droits de descentes & fran-salé par lesdits Articles LXXII. & LXXIII. de son Bail, se plaignant encore du grand abus & faux saunage qui se faict, tant par lesdits Officiers que Regratiers, à qui ils baillent leur sel de fran-salé pour le reuendre, sous le pretexte duquel ils distribuent celuy qu'ils prennent des faux-sauniers, sans qu'il se puisse descouurir qu'auec peine, & qu'il en soit faict aucune punition, estant descouuert par la conniuence & intelligence que lesdits Officiers ont auec lesdits Regratiers, lesquels ou la pluspart sont souz-fermiers desdits Officiers qui tiennent lesdits Regratages à ferme souz des noms interposez, à la foulle & oppression de nostre pauure peuple, contre les prohibitions & defenses que nous leur en auons faites par nos Edicts & Ordonnances, Arrests & Reglemens de nos Cours des Aydes. Pour obuier ausquels abus & remedier aux plaintes dudict Fermier de nos Gabelles. Nous auons iugé que le plus prompt & asseuré remede estoit d'esteindre & suprimer lesdits droicts de descentes & franc-salé attribué à nosdits Officiers par nosdits Edicts, Declarations, & Arrests cy-deuant dattez. A CES CAVSES, sçauoir faisons qu'apres auoir faict mettre cét affaire en deliberation en nostre Conseil; DE L'ADVIS d'iceluy & de nostre certaine science, plaine puissance & authorité Royale, Auons par ce present Edict perpetuel & irreuocable, supprimé, esteint & aboly; Supprimons, esteignons & abolissons lesdits droicts de descentes, releuemens & franc-salé attribuez à nosdicts

Receueurs & Controolleurs Generaux de nos Gabelles, & aufdits Greneriers, Controolleurs, Lieutenans & Controolleurs des grandes & petites mesures, nos Aduoçats & Procureurs, Gardes du petit sel, Greffiers, Maistres Clercs, Receueurs particuliers, & Presidens de nos Greniers à sel dependans de la Ferme generale de nos Gabelles compris au Bail qui en a esté faict audit Hamel à present Fermier general d'icelle à eux attribuez, tant par nos Lettres de Declaration du mois de Mars 1627. que par les Arrests de nostre Conseil dés dernier Octobre 1628. 13. Ianuier & 12. Decembre 1629. & Delaration expediée en consequence d'iceux le 30. dudit mois de Decembre 1629. & par autre nostre Edict du mesme mois, Arrests & Declarations interuenus en consequence d'iceluy ; Lesquels Edicts, Declarations & Arrests. Nous auons à ceste fin reuoquez & reuocquons en ce qui regarde lesdits Greniers dependans de ladite Ferme Generale de nos Gabelles seulemét, & voulons que lesdits Officiers & autres qui se trouueront porteurs des quittances de Finance, soient payez & remboursez comptant, & à vn seul payement des sommes par eux payées en nos Parties casuelles pour la iouyssance desdits droicts de descentes releuemens, & franc-salé par le Thresorier de nostre Espargne, suiuant la liquidation qui en sera faicte par les Commissaires qui seront par nous deputez à cét effect, & que iusqu'à l'actuel remboursement ils iouyssent desdits droicts de descentes & franc-salé côformement ausdits articles LXXII. & LXXIII. dudit Bail general de nos Gabelles fait audit Hamel : Et pource que lesdits Presidens & Aduocats de nosdits Greniers n'ont aucune Finance particuliere pour la iouyssance d'aucuns desdits droits, & lesdits Lieutenans

nans & Controolleurs des mesures pour lesdits trois
sols chacun à eux accordez pour leurs assistances ausdites descentes seulement par ledit Arrest du 7. Septembre 1624, Nous voulons que par lesdits Commissaires, il soit liquidé l'indemnité & recompense
qui leur peut appartenir pour pareille somme & à
proportion de la Finance payée en nosdictes Parties
casuelles par les autres Officiers pour la iouyssance
de pareils droicts dont ils seront pareillement payez
& remboursez par ledict Tresorier de nostre Espargne, moyennant lesquels payemens & remboursse-
mens, tous lesdicts Officiers ne pourront plus pretendre, prendre ny exiger de nos Fermiers des Gabelles, presens & à venir, aucuns droicts, salaires ny vacations pour leur assistance ausdites descentes, releuemens & enuoys, ny franc-salé en essence, ny argent. Ce que nous leur deffendons, à peine de con-
cussion, & d'estre punis comme exacteurs, & se ferōt
lesdites descentes, releuemens & enuoys en la pre-
sence de nos Greneciers, Controolleurs & Greffiers
en exercice, ainsi qu'il se faisoit cy-deuant, sans qu'ils
soient tenus d'y appeller nosdicts Presidens, Lieutenans, Gardes, & Controolleurs des grandes & petites mesures, ny nos Procureurs & Aduocats esdits
Greniers, si ce n'est qu'arriuant contestation entre
lesdits Grenetiers, Controolleurs & nos Fermiers,
pour raison desdites descentes, releuemens & enuoys
ils y soient appellez par nosdicts Fermiers, attendu
qu'ils ne doiuent auoir aucunes clefs des Greniers, &
ne sont responsables du sel qui se met en iceux ny tenus des dechets extraordinaires qui s'y trouuent. SI
DONNONS EN MANDEMENT à nos Amez & Feaux
Conseillers, les gens tenant nostre Cour des Aydes
à Paris, Presidens, Tresoriers de France, & Generaux de nos Finances des Generalitez en dependan-

ces,que cestuy nostre present Edit ils facent publier,
Registrer & executer puremét: cessant & faisant ces-
ser tous troubles & empeschements,nonobstant tous
Edicts, Ordonnances,mandemens, deffences & lettres à ce côtraires:Ausquelles & à la derogatoire des
derogatoires y contenues:Nous auons derogé & de-
rogeons par ces presentes,oppositions ou appellatiós
quelconques, desquelles si aucunes interuiennent,
Nous nous reseruons la cognoissance en nostredict
Conseil, & icelle interdisons & deffendons à toutes
nos Cours & autres Iuges. C A R tel est nostre plai-
sir.Et afin que ce soit chose ferme&stable à tousiours,
Novs auons faict mettre nostre seel à cesdictes presentes,sauf en autre chose nostre droict,& l'autruy en
toutes. D o n n e'à Fontaine bleau au mois de May
l'an de grace mil six cens trente-trois, & de nostre
regne le vingt-quatriesme,signé, LOVIS, à costé Vi-
sa, & plus bas par le Roy D E L O M E N I E,& seellé du
grand seau de cire verte, en lacs de soye rouge &
verte. Et au bas est escrit,

*Registré en la Cour des Aydes, Ouy le Procureur gene-
ral du Roy, pour estre executé selon leur forme & teneur,
aux charges neantmoins porté & contenuës par l'Arrest
ce iourd'huy, donné, les Chambres assemblées. A Paris
en ladite Cour des Aydes ce trentiesme iour d'Aoust l'an
mil six cens trente-trois.*
signé,   *BOVCHER.*

EXTRAICT DES REGISTRES DE
la Cour des Aydes.

V E V par la Cour les Chambres assemblées, les
Lettres patentes du Roy, en formed'Edict, dô-
nées à Fontaineble au aumois de May 1633. Signées

LOVIS, & sur le reply, Par le Roy, DELOMENIE, &
scellée de cire verte sur lacs de soye rouge & verte,
portāt suppressiō, abolition, & extinctiō des drois de
descétes, releuemēs & franc-sallé attribuez aux Receueurs & Cōtroolleurs generaux des Gabelles, & aux
Greaetiers, Cōtroolleurs, Lieutenās & Cōtroolleurs
des grandes & petites mesures, Aduocats & Procureurs de sa Maiesté, Gardes du petit sel, Greffiers,
Maistres Clercs, Receueurs particuliers & Presidēs
des Greniers à sel dependans de la ferme generale
des Gabelles, compris au bail fait à M. Philippes Hamel Fermier geceral d'icelles à eux attribuez par E-
dict, Declaration, & Arrest du Conseil énoncez audit
Edict. Lesquels à cette fin, sadite Maiesté auroit re-
uocqué en ce qui regarde lesdits Greniers dependans
de ladite Ferme generale seulement : Voulans sadite
Maiesté que lesdicts Officiers ou autres qui se trouueront Porteurs de quittances de Finances soient
payez & rembourcez comptant, & à vn seul payement des sommes par eux payée aux parties casuelles,
pour la iouyssance desdits droicts de descentes, releuemens & franc-salé par ledit Tresorier de l'Espargne,
suiuant la liquidation qui en sera faite par les Commissaires qui seront à cét effect deputez, & iusques
à l'actuel rembourcement. iouyront desdits droicts
de descentes & franc-sallé, conformémēt aux articles
LXXII. & LXXIII. dudit Bail general des Gabelles.
Et pource que lesdicts Presidens & Aduocats du Roy
n'ont aucune finance particuliere pour la iouyssance
desdits droicts, & les Lieutenans & Coptroolleurs
des mesures pour les trois sols pour leurs assistances
aux descentes seulement : Sadicte Maiesté veut que
par lesdicts Commissaires, l'indemnité & recompense qui leur peut appartenir soit liquidée pour pareille
somme & à proportion de la finance payée aux par-

ries Casuelles par les autres Officiers, pour la iouyſſance de pareils droicts, dont ils ſeront auſſi payez &
rembourſez par ledit Treſorier de l'Eſpargne, moyë-
nant lequel payement & rembourſement tous leſdits Officiers ne pourront plus pretendre ny exiger
des Fermiers des Gabelles, à preſent & à venir, aucuns droicts, ſalaires, vaccations pour leurs aſſiſtan-
ces auſdites deſcentes, releuemens & enuoys, ny
franc-ſallé en eſſence, ny argent: Leſquelles deſcentes, releuemens & enuoys ſe feront en la preſence
des Grenetiers, Controolleurs & Greffiers en exercice, ſans eſtre tenus d'y appeller les Preſidens, Lieutenans, Garde des meſures, ny les Aduocats & Procureurs de ſa Maieſté eſdits Greniers, ſi ce n'eſt qu'a-
riuant conteſtation entre leſdits Grenetiers, les Controolleurs & les Greffiers, pour raiſon deſdites deſcentes, releuemens & enuoys. Ils y ſeront appellez
par leſdicts Fermiers, attendu qu'ils ne doiuét auoir
aucunes clefs des Greniers, & ne ſont reſponſables
du ſel qui ſe met en iceux, ainſi que le contiennent
plus au long leſdites Lettres, enforme d'Edict à ladite Cour addreſſées, afin de les faire regiſtrer & executer. Requeſte à elle preſentée par les Officiers du
Grenier à ſel de Paris, tendante à ce qu'il luy pleuſt
ordonner qu'ils ſeroient maintenus en la iouyſſance
de leur franc-ſalé, ſuiuant l'Arreſt rendu entr'eux de-
mandeurs d'vne-part, & Charles le Sueur lors Adiudicataire dudit Grenier le dix-huictieſme iour de
Iuin 1599. Requeſtes preſentées à ladite Cour le 27.
iour du preſent mois d'Aouſt, par les Preſidens, Lieutenans, Garde, Cötroolleurs des Meſures & Aduocats
du Roy des Greniers à ſel dependans de ladite Ferme
generale des Gabelles de France, tendâtes à ce qu'il
luy pleuſt les receuoir oppoſans à la verificatió dudit
Edict, pour les raiſons qu'ils entendoient déduire en

temps & lieu, & pour cét effect qu'ils en auroient cō-
munication, ce qui leur auroit esté octroyé. Les causes d'oppositiōs fournies par lesdits Officiers & pieces
iointes. Autre Requeste presentée à ladite Cour par
M. Hugues du Puy Conseiller du Roy, Receueur general, ancien, alternatif & triennal des Greniers à sel
de la Generalité de Paris, mise au sac de l'Ordonnāce
de ladite Cour. Conclusions du Procureur general du
Roy, tant sur ledit Edict, qu'oppositiōs & Requestes,
& tout consideré. LA Cour a ordonné & ordonne
que lesdites Lettres, en forme d'Edict seront verifiées
& registrées au Greffe d'icelle, pour estre executées
selon leur forme & teneur, à la charge neantmoins
que les droicts de descentes & franc-salé attribuez
aux Receueurs & Cōtroolleurs generaux des Gabelles, Presidens & Grenetiers, Lieutenans, Controolleurs des grādes & petites mesures, Aduocats & Procureurs du Roy, Greffiers, Maistres Clercs, Gardes du
petit sel, & Receueurs particuliers seront esteints &
supprimez, sans qu'ils puissent à l'aduenir estre resta-
blis, pour quelque cause & occasion que ce soit. Lesquels Officiers ou Proprietaires d'iceux Offices, ne
pourront estre depossedez, ains iouyrōt desdits droits,
ainsi qu'ils en ont cy-deuant bien & deuëment iouy,
iusqu'à ce qu'ils ayent esté actuellement remboursez
du principal de la Finance par eux payée aux coffres
du Roy, frais & loyaux cousts Et à l'esgard des Officiers, ausquels lesdits droicts ont esté attribuez par
Edict de creatiō de leurs Offices : liquidatiō sera faite de ce que peuuent valoir lesdits droicts de franc-salé & descente : Eu esgard à la Finance de leursdits Offices, & du prix que se vend chaque minot de sel en
chacun Grenier, & de ce à quoy monte ledit droict de
descente, Et ayant aucunement esgard ausdites causes
d'opposition & conclusions du Procureur general du

Roy, ordōne ladite Cour que lefdits Prefidens, Lieutenans, Controolleurs des grādes & petites mefures,
Aduocats & Procureurs du Roy efdits Greniers, pour
ront à l'aduenir affifter fi bon leur femble, aux defcē-
tes, releuemens, & enuois des fels qui feront faits de
Grenier à autre, pour la commodité du fourniffement
des Greniers dependās de ladite Ferme, fans que pour
raifon de ce, ils puiffent prēdre & exiger aucune cho-
fe pour leurs vacations & affiftāces, à peine de cōcuf-
fion, ny qu'ils puiffent retarder le mefurage, à peine
de tous defpens, dōmages & interefts, & iouyrōt tous
lefdits Officiers du Grenier à fel de Paris, & le Receueur general des Greniers à fel de ladite generalité,
des droits de defcentes, releuemens & franc-falé, ain-
fi qu'ils en ont cy-deuant bien & deuēment iouy, Et à
la charge que les procez & differends qui interuien-
dront en execution defdites Lettres en forme d'Edict,
feront iugez en ladite Cour. Faict à Paris en la Cour
des Aydes le 30. iour d'Aouft mil fix cés trente-trois.
Signé,   BOVCHER.

LOVIS par la grace de Dieu Roy de France &
de Nauarre, A nos amez & feaux Confeillers
en noftre Confeil d'Eftat, les fieurs du Houffay Ma-
lier Intendant de nos Finances, Aligre & Tallon a-
yant par noftre Edict du mois de May dernier, regi-
ftré ou befoin a efté, & pour les caufes & confidera-
tions y contenuës, efteint & fupprimé les droits de
defcentes, releuemés, & franc-fallé attribué aux Receueurs & Controolleurs generaux de nos Gabelles,
& aux Greneticrs, Controolleurs, Lieutenans &
Contrroolleurs des grandes & petites mefures, nos
Aduocats & Procureurs, Gardes du petit fel, Greffiers, Maiftrés Clercs, Receueurs Particuliers, & Prefidens des greniers à fel dependans de la Ferme gene-

rale de nos Gabelles : Et ordonné que ilefdits Officiers feront payez & rembourfez comptant, à vn feul
payement des fommes par eux payées en nos Parties
Cafuelles pour la iouyffance defdits droits de defcentes, releuemens, & franc-fallé, par le Trefosier de noftre Efpargne , fuiuant la liquidation qui en fera faire
pour l'execution duquel Edict , eftant neceffaire de
deputer des Commiffaires, & ne pouuant faire meil-
leur choix que de vous , pour la confiance que nous
auons de voftre fidelité & affection au bien de nos affaires & feruice. A CES CAVSES; Nous vous a-
uons commis & deputé , cômettons & deputons par
ces prefentes, fignées de noftre main, pour en execution dudit Edict, vous faire reprefenter par tous lefdits Officiers des Greniers de l'eftéduë de ladite Ferme generale dans quinzaine, du iour du commande-
ment qui en fera faict au Greffe de chacû defdits Greniers , en vertu de vos Ordonnances, les quittances
de finâce & tiltre, en vertu defquels ils iouyffét defdits
droicts de defcentes, releuemés, & franc-falé, & pro-
ceder à la verification & liquidation d'icelles : Enfé-
ble de leur frais & loyaux coufts, fi aucun y a, felô que
vous iugerez raifonnable : Et d'autant que lefdits Prefidens & nos Aduocats efdits Greniers n'ont aucune
finance particuliere, pour la iouyffance d'aucuns defdits droicts, ny mefmes lefdits Lieutenâs & Côtroolleurs des mefures pour les trois fols à eux accordez
par Arreft du 7. Septébre 1624. faifans auec les quatre fols qui leur ont efté attribuez depuis l'Edict de
leur creation, & pour lefquels ils ont financé, iufques
à fept fols pour leurs affiftances aufdites defcentes.
Vous procederez auffi à la liquidation de l'indemnité
& recompenfe qu'il leur peut appartenir pour pareille fomme , & à proportion de la finance payée en nos
Parties cafuelles par les autres Officiers, pour la iouyf-

sàce de pareils droits, Enſéble de leurs frais & loyaux
couſts, côme dit eſt, pour ce faict eſtre tous leſdits Oſ-
ficiers rembourſez par le Treſorier de noſtre Eſpargne, des ſommes auſquelles leſdites liquidations
auront eſté par vous faictes auparauant que d'eſtre
depoſſedez de la iouyſſance deſdits droits, le tout ſuiuant & conformément à noſtredit Edict, apres lequel
rembourſement fait, & à deſſaut d'aucuns deſdits Oſ-
ficiers de le receuoir & repreſenter leurs tiltres &
quittances de finance dans ledit temps, & iceluy paſ-
ſé : les deniers demeureront és mains dudit Treſorier
de noſtre Eſpargne, par forme de conſignation pour
leur eſtre deliurez, ſelon qu'il ſera par vous ordonné.
Faiſant deffences à l'adiudicataire deſdites Gabelles
de leur payer aucune choſe deſdits droicts de deſcentes, releuemens, & franc-ſallé, & auſdits Officiers de
prendre leſdits droits, à peine d'eſtre contraints à la
reſtitution d'iceux, & ſur les autres peines portées par
ledit Edict, & generalement faire pour l'entiere e-
xecution d'iceluy, tout ce que vous aduiſerez bon e-
ſtre. De ce faire vous auons donnné & donnons pou-
uoir par ces preſentes, & de faire taxe raiſonnable aux
Huiſſiers & Sergens qui ſeront par vous employez
pour leurs ſallaires & vacations, Validant & authori-
ſant dés à preſent tout ce qui ſera par vous faict & or-
dôné en executiô de noſtredit Edict & des preſentes:
CAR tel eſt noſtre plaiſir. Donné au Camp deuant
Nancy le 15. iour de Septembre, l'an de grace 1633. Et
de noſtre regne le vingt-quatrieſme. Signé, LOVIS.
Et plus bas, Par le Roy, DELOMENIE. Et ſcel-
lés du grand ſeel de cire iaune.